AF326321

RÉGLEMENT

Concernant le service de la Garde-côte en la province de Picardie.

Du 30 Mars 1758.

DE PAR LE ROI.

SA MAJESTÉ ayant jugé à propos, par son ordonnance du 5 juin 1757, d'établir une nouvelle forme dans le service des Milices Garde-côtes de ses provinces de Picardie, Normandie, Poitou, Aunis, Saintonge & Guienne: Et voulant fixer la division des capitaineries Garde-côtes de Picardie, le nombre & la force des compagnies détachées dont elles seront composées, les lieux d'assemblée, tant pour les revûes particulières de chacune desdites compagnies, que pour les revûes générales, & la manière de faire les remplacemens annuels pour compléter lesdites compagnies détachées, Elle a arrété le présent règlement qu'Elle veut être exactement observé à l'avenir.

A

ARTICLE PREMIER.

IL y aura dans la province de Picardie, quatre capitaineries sous les dénominations du Calaisis, de Verton, du Crottoi & de Cayeux, lesquelles seront divisées & composées ainsi qu'il suit:

LIEUX ET PAROISSES Garde-côtes.	NOMBRE d'hommes de chaque Compagnie détachée.	NOMS desdites COMPAGNIES.	LIEUX d'assemblée desdites COMPAGNIES.

Capitainerie du CALAISIS.

Cinq compagnies détachées.

LIEUX ET PAROISSES	NOMBRE	NOMS	LIEUX
Sangatte Peuplingle Coquelle Fretun Nielle Saint-Tricat Hames Boucres Pihen Bonningue Hervelinghen Escale	50	Sangatte	PEUPLINGUE.
Guisnes	50	Guisnes	GUISNES.
Saint-Pierre Coulogne	50	Saint-Pierre	SAINT-PIERRE.
Mark Oie	50	Mark	MARK.
Guempe Offequerque Vieille-Eglise Nouvelle-Eglise Andres Campagne Balinghen	50	Guempe	GUEMPE.

La Capitainerie du CALAISIS s'assemblera à la basse ville de CALAIS.

LIEUX ET PAROISSES Garde-côtes.	NOMBRE d'hommes de chaque Compagnie détachée.	NOMS desdites COMPAGNIES.	LIEUX d'assemblée desdites COMPAGNIES.

Capitainerie de VERTON.
Trois Compagnies détachées.

LIEUX ET PAROISSES	NOMBRE	NOMS	LIEUX
Verton & ses dépendances, qui sont, les hameaux du Boil, des deux Neuville, du Grand-Marais, du Renduflier, & la ferme Saint-Éloy			
Grofflliers & la Rochelle	50	Verton	VERTON.
Waben			
Berck			
Airon–Saint-Vaast			
Airon-Notre-Dame			
Campigneules-lès-Grandes			
Saint-Josse & ses dépendances, qui sont, les hameaux de Villiers, Capel en partie, Valencendre en partie, le Tertre, Bourbillon, Molinet, Longpré, & la ferme du Lot			
La Madelaine			
Saint-Aubin			
Merlimont, & le hameau de Capel en partie	50	Saint-Jossè	SAINT-JOSSE.
Cucq & Trépied			
Visemarest, les deux Montevis, & le hameau de Valencendre en partie			
Calotterie			
Sorus			
Écuire			

A ij

LIEUX ET PAROISSES Garde-côtes.	NOMBRE d'hommes de chaque Compagnie détachée.	NOMS desdites COMPAGNIES.	LIEUX d'assemblée desdites COMPAGNIES.

Suite de la Capitainerie de VERTON.

LIEUX ET PAROISSES Garde-côtes.	NOMBRE d'hommes	NOMS desdites COMPAGNIES.	LIEUX d'assemblée
Lépine & ses dépendances, qui sont, les hameaux de Puiberaut, des Bruières, & du grand bois Huré			
Conchi - le - Temple, & les fermes de la Frénesie, de Neuvilette & du pas d'Autie.			
Colines & Beaumont			
Tigni & Noielle			
Nempont, Saint - Firmin & Humel	50	Lépine	LÉPINE.
La ferme d'Abihem			
Les hameaux du Boisjean, de Léquille & du petit bois Huré			
Waïli-Beaucamps & les fermes de Colon, du Moufflet & de Dangermel			
Campigneules-lez-petites . . .			
La Cense Saint-Vaaft			

La Capitainerie de VERTON s'assemblera à VERTON.

Capitainerie du CROTTOI.
Quatre Compagnies détachées.

LIEUX ET PAROISSES Garde-côtes.	NOMBRE d'hommes	NOMS desdites COMPAGNIES.	LIEUX d'assemblée
Le Crottoi & sa banlieue composée de la paroisse Saint-Firmin, du hameau de la Bassée & des fermes de Maïoc & du Tarteron . . .			
Favières	50	Hamelet	HAMELET.
Hamelet			
Noielle - fur - mer, Nofette, Salibrai, & les Salines . . .			
Flibeaucourt			

LIEUX ET PAROISSES Garde-côtes.	NOMBRE d'hommes de chaque Compagnie détachée.	NOMS desdites COMPAGNIES.	LIEUX d'assemblée desdites COMPAGNIES.

Suite de la Capitainerie du CROTTOI.

LIEUX ET PAROISSES Garde-côtes.	NOMBRE	NOMS	LIEUX
Rue................			
La banlieue de Rue, composée de la paroisse de Saint-Jean-des-Marais, des hameaux de Canteraine, Hère, Flandre, Laronville, Lanoi, le Boure, Becquerel, le Marais en partie, & des fermes de la Hauterue, la Neuverue, la Chapelle, Monplaisir, Balifour, & Caloton..			
Saint-Quentin	50	Rue...............	RUE.
Forestmontier			
Agenville, & la ferme de Rez-à-Coulon			
Neuville-lés-Forestmontier, & la ferme de la Motelette ..			
Arry			
Nouvion			
Le Titre.............			
Forest-Labie.........			
Saissi-le-Sec..........	50	Nouvion........	NOUVION.
Pontoile & sa banlieue, composée des hameaux de Romiotte, Romaine, Bonnelle & Hanel, & de la ferme du Four			
Le hameau de Morlai			

A iij

LIEUX ET PAROISSES Garde-côtes.	NOMBRE d'hommes de chaque Compagnie détachée.	NOMS desdites COMPAGNIES.	LIEUX d'assemblée desdites COMPAGNIES.

Suite de la Capitainerie du CROTTOI.

Le Marquenterre, qui comprend les villages de Quend-le-Vieux & Quend-le-Jeune, les hameaux de Routeauville, le Roion, Monchaux, le Muret, Froise, la Hepné, la ferme des grandes & des petites Pâtures, le Marais en partie, la Bonne-Dame, & les Mazures			
La ferme des Molières du Marquenterre	50	Villers	VILLERS.
Villers-sur-Authie			
Nempont-Saint-Martin			
Fresne			
Avène, & la ferme du Mesnil.			
Bernai, Beauregard, & la ferme de Tirancourt			
Vercourt			

La Capitainerie du CROTTOI s'assemblera à RUE.

Capitainerie de CAYEUX.
Neuf Compagnies détachées.

Cayeux & ses dépendances, qui sont, les hameaux du Hourdel, du Marais, du Montoi, des Molières & du grand & petite Hure, les deux fermes du Montroti & celle de l'Enviette.	50	Cayeux	CAYEUX.
Lanchères, & les hameaux de la Leu, Herlicourt, Pouvincourt & Watihure . . .			

LIEUX ET PAROISSES Garde-côtes.	NOMBRE d'hommes de chaque Compagnie détachée.	NOMS desdites COMPAGNIES.	LIEUX d'assemblée desdites COMPAGNIES.

Suite de la Capitainerie de CAYEUX.

LIEUX ET PAROISSES Garde-côtes.	NOMBRE d'hommes de chaque Compagnie détachée.	NOMS desdites COMPAGNIES.	LIEUX d'assemblée desdites COMPAGNIES.
Pendé & ses dépendances, qui font, les hameaux de Tilloi & Sallenelle, & la ferme de la Malaffise . . . . La ferme de Betléem dépendante de Lanchère, Mons, & le hameau de Boubers . . . Boimont, & le hameau de Pinche-falife . . . . Neuville-lès-Saint-Valleri, & le hameau de Drancourt . . Etrebeuf, & les fermes de Ribouuville & Rossigni . . . . Le hameau de Routiauville dépendant de Saint-Valleri.	50	Pendé	PENDÉ.
S.¹ Blimont & ses dépendances, qui font, les hameaux d'Élincourt, Heballet, Offeu, Offoel, Poiriauville, & la ferme de l'Etang . . . . Arreft, & le hameau de Cattignicauquis	50	Saint-Blimont . . .	S.¹ BLIMONT.
Bourseville . . . . Broutel-le-Hamel, & les deux fermes de Montcavrel. . . . Vaudricourt . . . . Woignarue . . . . Marteneville-fur-mer	50	Bourseville	BOURSEVILLE.
Ochencourt, & le hameau du Méniel . . . . Franleu & lès-Ménil-lès-Franleu . . . . Niba & ses dépendances, qui font, les hameaux de Saucourt, Boquet, Rimbehen, & la ferme de Wailli	50	Niba	OCHENCOURT.

A iiij

LIEUX et PAROISSES Garde-côtes.	NOMBRE d'hommes de chaque Compagnie détachée.	NOMS desdites COMPAGNIES.	LIEUX d'assemblée desdites COMPAGNIES.

Suite de la Capitainerie de CAYEUX.

LIEUX et PAROISSES Garde-côtes.	NOMBRE	NOMS	LIEUX
Bourg d'Ault, Onival, les hameaux d'Hautebut & Brutelette, & la ferme de Bomers.................. Allenai.................... Friaucourt................	50.....	Bourg d'Ault....	BOURG D'AULT.
Friville, les hameaux d'Escarbotin & Béloi, & la ferme de Noireville .... Tully...................	50.....	Friville..........	FRIVILLE.
Woincourt, & le hameau de Dizengremer .... Mesnelies............. Dargni................. Bouvaincourt .... Les hameaux de Cantepie, Saint-Hilaire & Lisle	50.....	Woincourt......	MESNELIES.
Croix-au-Bailli, & la ferme de Resigni.............. Lamotthe-Croix-au-Bailli... Bettencourt............ Mers, & les fermes de Romeval, Froideville & Blanque. Aoute, & les hameaux de Marest & Campagne-lès-Menelies...............	50.....	Croix-au-Bailli..	CROIX-AU-BAILLI.

La Capitainerie de CAYEUX s'assemblera au bourg d'AULT.

II.

CHAQUE compagnie détachée sera commmandée par un Capitaine & un Lieutenant, & composée de deux Sergens, deux Caporaux, deux Anspessades, un Tambour, & quarante-trois Fusiliers.

III.

ON choisira dans le nombre des Tambours des compagnies détachées de chaque capitainerie, celui qui aura été le mieux instruit à la batterie de l'ordonnance, il aura le titre de Tambour - major de la capitainerie, & il sera chargé d'exercer ceux desdites compagnies, sans cesser néanmoins de servir comme Tambour dans celle où il est employé.

IV.

LE service des Sergens, Caporaux, Anspessades, Tambour & Fusiliers des compagnies détachées, ayant été fixé, par l'article XXV de l'ordonnance du 5 juin 1757, à six années; & néanmoins étant nécessaire que les compagnies détachées soient dès-à-présent composées des habitans des paroisses qui sont spécifiées par l'article I.er ci-dessus, pour contribuer à la composition de chacune, Sa Majesté ordonne que par le sieur Intendant de la province, ou par les Subdélégués qu'il jugera à propos de commettre, il sera incessamment procédé, conformément à la division portée à l'article I.er ci-dessus, à une nouvelle composition desdites compagnies, dans lesquelles il ne sera fait, jusqu'en 1761, que les remplacemens nécessaires pour les compléter. Le sixième desdites compagnies détachées sera licencié en 1761, & les autres sixièmes le seront successivement d'année en année.

V.

CEUX des Miliciens choisis en 1756, & ayant fait le service, qui entreront dans la nouvelle composition des compagnies détachées, seront les premiers licenciés; & à l'égard desdits Miliciens qui entreroient par la suite dans lesdites compagnies, il leur sera également tenu compte des deux années de service qu'ils ont déjà remplies.

A v

V I.

LES Capitaines généraux, chacun dans leur Capitainerie, se feront remettre avant le 1.er mars de chaque année, par le Capitaine général du Guet, des rôles exacts & détaillés de tous les habitans des paroisses qui composent les compagnies du Guet, & qui doivent fournir aux remplacemens: ils enverront un double desdits rôles, signé d'eux, au sieur Intendant de la province.

V I I.

L'INSPECTEUR général fera tous les ans une première revûe de chaque capitainerie dans le mois de mars, & indiquera à l'avance au Capitaine général, le jour qu'il aura fixé pour ladite revûe, qu'il fera, autant qu'il fera possible, un jour de Dimanche ou de Fête; & le jour de ladite revûe fera aussi-tôt annoncé & publié dans toutes les paroisses de la Capitainerie, afin qu'aucun habitant n'en puisse prétendre cause d'ignorance.

V I I I.

LES Capitaines généraux adresseront, avant le premier jour d'avril de chaque année, à l'Intendant de la province, des états visés de l'Inspecteur général, tant des hommes qui devront être licenciés que de ceux qui, par mort ou autrement, feront à remplacer pour compléter les compagnies détachées de leur capitainerie: ledit sieur Intendant donnera des congés absolus aux Soldats garde-côtes qui devront être licenciés, & procédera, ou fera procéder par les Subdélégués qu'il jugera à propos de commettre à faire les remplacemens nécessaires pour compléter lesdites compagnies: Entend Sa Majesté que toutes les plaintes & discussions qui pourroient survenir pour raison desdits licenciemens & remplacemens, soient portées devant ledit sieur Intendant, pour y être par lui statué suivant l'exigence des cas.

I X.

LES remplacemens feront faits à la charge de la totalité des paroisses affectées à la composition de chaque compagnie détachée, sans qu'aucune autre paroisse des autres compagnies soit tenue d'y contribuer.

I I

X.

ON choisira par préférence, pour compléter les compagnies détachées, les garçons depuis l'âge de seize ans jusqu'à quarante-cinq, de la hauteur de cinq pieds au moins, & les plus propres au service ; & à défaut de garçons, les hommes mariés y seront employés jusqu'à l'âge de quarante-cinq ans.

X I.

ENTEND Sa Majesté, qu'indépendamment de l'exemption du Guet & Garde sur la côte, attribuée par l'article XXII de l'ordonnance du 5 juin 1757, aux Syndics des paroisses & Collecteurs des impositions royales, les mêmes exemptions qui ont lieu pour le service des Milices dans l'intérieur du Royaume, soient accordées pour celui des Milices garde-côtes, & que toutes les contestations qui pourroient naître pour raison desdites exemptions soient décidées par l'Intendant de la province.

X I I.

LORSQUE le sieur Intendant aura pourvû aux remplacemens à faire, il enverra à chaque Capitaine général un état des hommes qui devront compléter chaque compagnie détachée ; ledit état contenant leur nom, celui de leur paroisse, leur âge & leur signalement. Le Capitaine général en enverra des extraits aux Capitaines de chaque compagnie détachée.

X I I I.

LE Capitaine général du Guet, ou en son absence le Lieutenant du Guet, fera conduire par les Capitaines de chaque paroisse, & assembler aux jour & lieux qui lui seront indiqués par le Capitaine général de la capitainerie, tous les hommes qui devront compléter lesdites compagnies, suivant l'état qui lui en sera envoyé par ledit Capitaine général, lesquels seront aussi-tôt signalés & enregistrés par le Major ou l'Aide-major de la capitainerie, qui aura à cet effet un registre pour y porter les noms, signalemens & demeures des habitans qui composent les compagnies détachées, avec la date de leur entrée dans lesdites compagnies.

X I V.

INDÉPENDAMMENT de la revûe fixée au mois de mars
par l'article VII ci-deſſus, l'Inſpecteur général fera chaque année
deux revûes générales des compagnies détachées de chaque
capitainerie, l'une dans le mois de mai, & l'autre dans celui
d'octobre, un jour de Fête ou de Dimanche. Il avertira quinze
jours à l'avance le Capitaine général de la capitainerie, du jour
qu'il aura fixé pour ladite revûe d'inſpection dans ſa capitainerie,
à l'effet par ledit Capitaine général, de faire aſſembler au jour
indiqué les compagnies détachées de la capitainerie au lieu dé-
ſigné; & ledit Inſpecteur général, après chacune deſdites revûes,
en enverra l'extrait au Secrétaire d'État ayant le département de
la Marine.

X V.

LES premiers Dimanches des mois d'avril, mai, juin &
octobre, chaque Capitaine de compagnie détachée aſſemblera
ſa compagnie au lieu d'aſſemblée particulière de ladite compagnie, & le Lieutenant ſera tenu de s'y rendre. Il en fera la
revûe, & fera exécuter le maniement des armes aux Soldats de
ſa compagnie. Il examinera ſi les armes de chaque Soldat ſont
en bon état. Cette revûe pourra être remiſe au Dimanche
ſuivant, lorſque le temps ne permettra pas de les aſſembler.

X V I.

LE Capitaine général, le Major & l'Aide-major de chaque
capitainerie, aſſiſteront enſemble ou ſéparément auxdites revûes
particulières, de manière que dans le courant de l'année chacun
d'eux ait été préſent à l'une des revûes d'exercice de chaque
compagnie détachée, & le Capitaine général rendra compte au
Secrétaire d'État ayant le département de la Marine, deſdites
revûes particulières.

X V I I.

INDÉPENDAMMENT deſdites revûes particulières & d'exercice, les Sergens, Caporaux & Anſpeſſades des compagnies
détachées, exerceront pendant le temps de la guerre ſeulement,

les Soldats Garde-côtes de leurs paroisses, ensemble ou séparément pendant deux heures, sur le lieu qui aura été choisi par le Capitaine, lequel doit avoir attention à ne commander ces exercices que les jours de Fête ou Dimanche, dans les temps les plus commodes aux habitans desdites paroisses. Il n'en sera point fait pendant les mois de juillet, août & septembre, pour ne point interrompre leurs travaux.

X V I I I.

TOUT Soldat Garde-côte, qui sans excuse légitime ne se trouvera pas aux revûes générales & particulières, sera puni d'un jour de prison par le Capitaine général; & s'il étoit dans le cas de subir une punition plus sévère, ledit Capitaine général en informera le Commandant général de la province, & en son absence, l'Inspecteur général qui en rendra compte au Secrétaire d'État ayant le département de la Marine.

X I X.

TOUS les Sergens, Caporaux, Anspessades, Fusiliers & Tambours des compagnies détachées, jouiront, en temps de guerre seulement, de l'exemption de la corvée pour la construction & la réparation des grands chemins, bien entendu que ladite exemption n'aura lieu que pour leur personne, & non pour leurs chevaux; lesquels néanmoins ne pourront être commandés les jours que le Soldat Garde-côte détaché sera de service, se trouvant alors hors d'état de les conduire lui-même.

X X.

SA MAJESTÉ ayant prescrit par l'article XXXVI de son ordonnance du 5 juin 1757, l'uniforme des Milices Garde-côtes desdites compagnies détachées, Elle entend qu'il soit fourni tous les six ans un justaucorps & un chapeau uniforme à chaque Soldat desdites compagnies détachées, par les soins & sur les ordres de l'Intendant de la province, qui fera pourvoir à la dépense dudit habillement sur les fonds qui y seront destinés.

Défend expreſſément Sa Majeſté auxdits Soldats Garde-côtes, de ſe ſervir dudit habillement uniforme hors les temps où ils ſeront commandés pour le ſervice.

X X I.

VEUT Sa Majeſté, que pour dédommager les Officiers de l'État-major des capitaineries Garde-côtes, des dépenſes qu'ils ſeront obligés de faire à l'occaſion de leur ſervice, il leur ſoit payé par année, ſavoir, à l'Inſpecteur général deux mille livres, aux Capitaines généraux ſix cens livres, aux Majors quatre cens vingt livres, & aux Aides-majors trois cens ſoixante livres.

X X I I.

LES compagnies détachées étant aſſemblées pour un ſervice extraordinaire pendant plus de quatre jours, ſeront payées, à commencer du cinquième, ſur le pied de cent ſols par jour au Capitaine général, quatre livres au Major, & cinquante ſols à l'Aide-major; trois livres au Capitaine, vingt-cinq ſols au Lieutenant, dix ſols à chaque Sergent, ſept ſols ſix deniers à chaque Caporal, ſix ſols ſix deniers à chaque Anſpeſſade & Tambour, & cinq ſols ſix deniers à chaque Fuſilier.

X X I I I.

IL ſera accordé ſix livres de gratification aux Sergens des compagnies détachées, qui auront inſtruit avec ſuccès les Soldats deſdites compagnies, & une pareille gratification de ſix livres par an au Tambour-major de chaque capitainerie.

Il ſera auſſi payé trois livres par an à chaque Tambour pour l'entretien de ſa caiſſe.

X X I V.

LES états des appointemens des Officiers de l'État-major, réglés par l'article XXI ci-deſſus, & ceux de la ſolde des compagnies détachées, ainſi que de toutes les autres dépenſes relatives auxdites compagnies, qui ſe trouvent énoncées au préſent règlement, ſeront arrêtés par l'Intendant de la province, & payés

par ceux qu'il commettra à cet effet, & lesdits états, ensemble
les comptes de payement qui auront été faits sur iceux, seront
envoyés tous les ans par ledit sieur Intendant au Sécretaire d'État
ayant le département de la Marine.

X X V.

LES armes, pulvérins & gibernes qui ont été fournis aux
compagnies détachées, au lieu d'être déposés dans les magasins
établis dans les lieux d'assemblée desdites compagnies détachées,
resteront, pendant le temps de la guerre seulement, entre les
mains des Soldats desdites compagnies, nonobstant ce qui est
porté par l'aticle XXXIII de l'ordonnance du 5 juin 1757, à
laquelle Sa Majesté a dérogé à cet égard; & pour la conserva-
tion desdites armes, il sera distribué à chaque Soldat Garde-côte
desdites compagnies, un tournevis & un tireboure, dont il de-
meurera responsable, ainsi que des fusil, bayonnette, giberne,
pulvérin & munitions qui lui auront été délivrés. Il sera tenu
d'avoir en tout temps dans sa giberne deux pierres de rechange
& une pièce grasse.

X X V I.

TOUS les fusils & autres effets appartenans au Roi, seront
marqués du nom de chaque capitainerie, de celui de chaque
compagnie & d'un N.° depuis 1 jusqu'à 50: les caisses seront
pareillement marquées & numérotées, ainsi que les équipemens.
Le Capitaine général fera dresser tous les ans des états particuliers
par compagnie, contenant le nom de chaque Soldat & le N.°
du fusil & de l'équipement qui lui sera délivré. Le Capitaine
général enverra des doubles desdits états signés de lui à l'Intendant
de la province.

X X V I I.

LES Officiers auront une attention particulière à ce que lesdites armes & effets soient bien entretenus, & les réparations
qui seront à y faire, seront à la charge des Soldats Garde-côtes
lorsqu'elles seront occasionnées par leur négligence: le Capitaine
général s'en fera rendre compte exactement par les Capitaines,

aprés chaque revûe particulière, & il enverra à l'Intendant de
la province l'état desdites réparations & les noms des Soldats
dont les armes seront à réparer, pour qu'il y soit pourvû par
ses ordres & à leurs frais.

XXVIII.

TOUS les corps-de-garde seront pourvûs d'un ratelier pour
y poser les armes, d'un lit de camp, d'une table, d'un banc,
d'un fanal & d'un chandelier de fer, & les bois & lumière y
seront fournis ainsi qu'il est d'usage pour les troupes de terre.

L'état desdites fournitures & ustensiles sera affiché dans le
corps-de-garde; ils seront consignés à ceux qui relèveront le
poste; & en cas de dégradation, celui qui relèvera le poste en
donnera avis dans le jour à l'Officier de garde sur la côte ou
au Capitaine de la compagnie, qui fera passer au Capitaine
général un état où sera spécifiée la nature de ladite dégradation
& les noms des Soldats qui étoient de garde pendant qu'elle a
été faite, afin d'obliger les Soldats à la réparer à leurs frais.

XXIX.

LES Lieutenans des compagnies détachées & le Lieutenant
général des compagnies du Guet, jouiront des mêmes priviléges
& exemptions portés par l'article XII de l'ordonnance du 5
juin 1757.

XXX.

TOUT Aide-major commandera tous les Lieutenans, & ne
pourra avoir rang & commission de Capitaine qu'après deux
ans d'exercice d'Aide-major, conformément à ce qui est porté
par l'article VI de l'ordonnance du 5 juin 1757.

XXXI.

LES Soldats des compagnies du Guet seront tenus, comme
par le passé, de se fournir de fusils & de munitions, ainsi qu'il
est prescrit par l'article XLIV de l'ordonnance du 5 juin 1757;
lesdits fusils seront, autant que faire se pourra, du même calibre

17

que ceux des compagnies détachées. Le Capitaine général du Guet, le Lieutenant, & à leur défaut les Officiers des compagnies du Guet, visiteront principalement les armes desdits Soldats qui devront être de service, & les obligeront à les mettre & tenir en bon état : le Capitaine général du Guet en rendra compte exactement au Capitaine général de la capitainerie.

X X X I I.

LE Capitaine général de chaque capitainerie, conjointement avec le Major & le Capitaine général du Guet, fera une division des paroisses sujettes au Guet & Garde, proportionnée au nombre de corps-de-garde où les compagnies du Guet devront monter la garde, & il aura attention de n'affecter à chaque corps-de-garde que les paroisses qui en seront le plus à portée : laquelle division ne sera néanmoins exécutée qu'après qu'elle aura été approuvée par le Secrétaire d'État ayant le département de la Marine.

X X X I I I.

LE Capitaine général du Guet tiendra un rôle exact des compagnies du Guet qui devront monter la garde aux postes qui leur seront désignés, pour les faire relever successivement par d'autres, suivant l'état de contribution de chacune des paroisses qui y seront assujéties ; en sorte que les habitans d'une paroisse qui auront fait le service de Guet & Garde, ne puissent être commandés qu'après que tous les hommes de la paroisse auront rempli le même service.

X X X I V.

LES Officiers des compagnies du Guet, qui seront chargés de faire monter journellement les habitans aux postes qui leur seront indiqués, auront une attention particulière à ne jamais commander à la fois plusieurs hommes de la même maison ; & pour prévenir cet inconvénient, ils auront un rôle des habitans de leur paroisse, où ils distingueront les pères des enfans & les maîtres des domestiques, en sorte qu'il n'y ait qu'un seul homme de chaque maiſon commandé le même jour pour ce ſervice.

X X X V.

AUCUN Officier ni Sergent des compagnies du Guet né pourra faire monter ſa garde par un Soldat deſdites compagnies, à peine d'être caſſé ; mais leſdits Officier & Sergent pourront, à grade égal, faire le ſervice l'un pour l'autre, lorſque leurs affaires perſonnelles l'exigeront, & ils en donneront avis au Capitaine général du Guet, ou à ſon Lieutenant, autant qu'il ſera poſſible.

X X X V I.

TOUT Soldat des compagnies du Guet, qui aura manqué par mauvaiſe volonté, de ſe trouver au poſte où il aura été commandé pour monter la garde, ſera tenu d'y ſervir deux jours de ſuite, & pourra être mis un jour en priſon, ſuivant l'exigence des cas, dont il en ſera rendu compte au Capitaine général de la capitainerie, qui ordonnera à cet effet de l'y faire conduire par des Fuſiliers de la compagnie détachée de la paroiſſe d'où ſera le Soldat.

X X X V I I.

LES Soldats deſdites compagnies du Guet, qui manqueront à l'obéiſſance qu'ils doivent à leurs Officiers en ce qu'ils leur ordonneront pour le ſervice, ſeront punis de deux jours de priſon, & ſubiront même une plus grande peine, ſuivant l'exigence des cas, dont il ſera rendu compte au Capitaine général & à l'Inſpecteur général, qui ne pourront l'ordonner ſans en avoir reçû l'ordre de Sa Majeſté par le Secrétaire d'État ayant le département de la Marine.

X X X V I I I.

A l'égard des cas qui n'ont point été prévûs dans les diſpoſitions portées par le règlement du 2 mai 1712, par rapport aux jugemens à rendre pour les crimes & délits militaires qui ſeront commis par les Milices Garde-côtes, & qui ne ſe trouvent

19

point également dans l'ordonnance du 5 juin 1757, l'intention
de Sa Majesté est que le Conseil de guerre se conforme à son
ordonnance sur les crimes & délits militaires pour les troupes
de terre, défendant cependant à tous les Officiers assemblés pour
juger lesdits crimes & délits commis par les Milices Garde-côtes,
de faire exécuter les jugemens qu'ils rendront, qu'après en avoir
reçû l'ordre de Sa Majesté par le Secrétaire d'Etat ayant le département de la Marine, auquel lesdits jugemens seront envoyés.

XXXIX.

VEUT Sa Majesté que les Milices Garde-côtes aient la liberté,
dans les temps ordinaires, de vaquer à leurs travaux & affaires
particulières, sans qu'il puisse leur être imposé aucune contrainte,
corvée ou service journalier par leurs Officiers, qui ne pourront
les assembler qu'aux jours & lieux des exercices & revûes, tant
particulières que générales, ci-dessus spécifiées, ou par les ordres
exprès de l'Inspecteur général, ou du Commandant général de
la province.

X L.

VEUT au surplus Sa Majesté, que ses précédentes ordon-
nances & règlemens concernant la Garde-côte, soient exécutés
selon leur forme & teneur en tout ce qui n'est pas contraire au
présent règlement.

MANDE & ordonne Sa Majesté à Monf. le Duc de
Penthièvre, Amiral de France, aux Gouverneur & Commandant général en la province de Picardie, à l'Intendant & Commissaire départi, à l'Inspecteur général, & aux Capitaines généraux
des capitaineries Gardes-côtes, & à tous autres Officiers qu'il
appartiendra, de tenir la main, chacun en ce qui le regarde, à
l'exécution du présent règlement, lequel sera lû, publié & affiché
par-tout où besoin sera. FAIT à Versailles le trente mars mil
sept cent cinquante-huit. *Signé* LOUIS. *Et plus bas,* PEIRENC
DE MORAS.

LE DUC DE PENTHIÉVRE,

Amiral de France, Gouverneur & Lieutenant général pour le Roi en sa province de Bretagne.

VÛ le Règlement ci-dessus, & des autres parts: MANDONS & ordonnons aux Gouverneur & Commandant général de la province de Picardie, à l'Intendant & Commissaire départi, à l'Inspecteur général, & aux Capitaines généraux des capitaineries Garde-côtes, & à tous autres Officiers qu'il appartiendra, de tenir la main, chacun en ce qui le regarde, à l'exécution du présent règlement, lequel sera lû, publié & affiché par-tout où besoin sera. FAIT à Paris le trente-un mars mil sept cent cinquante-huit. *Signé* L. J. M. DE BOURBON. *Et plus bas,* Par Son Altesse Sérénissime. *Signé* DE GRANDBOURG.

POUR LE ROI. { *Collationné aux originaux par nous Écuyer, Conseiller Secrétaire du Roi, Maison, Couronne de France, & de ses finances.*

A PARIS,
DE L'IMPRIMERIE ROYALE.

―――――――――

M. DCCLVIII.

PRINCIPAUX
TRAVAUX CHAMPÊTRES

SERVANT

A L'ENTRETIEN DE L'HOMME.

STRASBOURG,

A LA LITHOGRAPHIE DE FASOLI ET OHLMAN, RUE DES TONNELIERS, 8.

LE PATURAGE.

I. LE PATURAGE.

La série d'images que contient ce petit recueil, mes enfants, vous présente en général *les principaux travaux champêtres qui, depuis les temps les plus reculés, servent à l'entretien de l'homme.*

Nous trouvons ici le gros bétail, c'est-à-dire les bœufs et les vaches, que l'on élève pour les employer aux travaux de culture et pour tirer plus tard de leur chair notre aliment le plus substantiel. Comme ces animaux se nourrissent surtout de verdure, on les conduit, pendant la bonne saison, dans les prairies pour leur faire brouter l'herbe qui y croît : c'est ce qu'on appelle le pâturage. Là, ils sont confiés à la garde d'un pâtre qui les ramène dans l'étable.

II. LA BERGERIE.

Après le pâtre qui conduit au pâturage les bêtes à cornes, nous voyons le berger qui fait paître son troupeau de moutons. Le mouton, dont la chair succulente figure également parmi les mets servis sur votre table, nous est d'une utilité bien plus grande encore, en ce qu'il nous fournit la laine qu'on tond sur son dos pour en faire les habillements de drap dont nous nous revêtons. Jugez combien cet animal est précieux par le grand nombre d'ouvriers qu'il fait vivre; tous ceux qui sont occupés à carder la laine pour la rendre lisse, à la filer, à la tisser, à confectionner les habits, lui doivent leurs moyens d'existence. C'est encore le mouton dont on tire la graisse qui sert à faire le suif et par conséquent les chandélles.

LA BERGERIE.

LA LAITERIE.

III. LA LAITERIE.

Quittons maintenant la prairie, laissons les moutons rentrer dans la bergerie et suivons les bêtes à cornes dans leur étable. Dans l'étable des vaches, qu'on appelle aussi laiterie, nous voyons la domestique occupée à traire, c'est-à-dire à tirer de leurs mamelles le lait qu'elles contiennent et que la laitière apportera ensuite en ville pour qu'on vous le serve à déjeuner, ou bien pour être employé à la préparation de tant de mets divers dont vous êtes si friands. C'est aussi le lait qui sert à faire le fromage et le beurre.

IV. LA CHARRUE.

En mangeant chaque jour votre pain, vous ne vous doutez guère, mes enfants, de ce qu'il a fallu de travail et par combien d'opérations et de préparations différentes il a dû passer, avant de vous servir de nourriture. C'est à la terre, cette mère nourricière du genre humain, que nous sommes redevables de cet aliment précieux ; c'est de son sein que sortent ces épis d'où l'on tire les grains de blé qu'on fait moudre au moulin où ils sont convertis en farine ; c'est avec la farine ensuite que le boulanger confectionne la pâte qui, cuite au four, devient le pain que nous mangeons. De toutes ces opérations, la première est celle qu'on pratique au moyen de la charrue qui, attelée de deux bœufs ou de deux chevaux et pourvue d'un fer aigu, appelé soc, creuse et remue le sol à une certaine profondeur et en longues traînées, nommées sillons, travail bien pénible aussi bien pour l'attelage que pour le laboureur.

LA CHARRUE.

L'ENSEMENCEMENT.

V. L'ENSEMENCEMENT.

Quand les sillons ont été creusés par la charrue, le laboureur ensemence son champ en y répandant le grain qui sert de semence. Après l'opération du hersage pour niveler le sol et enfoncer la semence, celle-ci commence à germer dans la terre, et la couvre ensuite, vers le printemps, de brins d'herbe que le soleil d'été fait pousser et jaunir, et qui, en arrivant vers leur maturité, se convertissent en tiges de paille surmontées d'épis dorés qui contiennent les grains de blé et que nous retrouverons dans la gravure suivante.

VI. LA RÉCOLTE.

Vers la fin de juillet ou le commencement d'août, quand les chaleurs de l'été ont fait mûrir le blé, arrive le moment de le récolter, c'est le temps de la moisson. Alors, dès la pointe du jour, les moissonneurs, armés de leurs faucilles, se rendent dans les champs pour couper à leur base les tiges de paille couronnées d'épis; puis, après les avoir liées en gerbes et chargées sur des voitures, le laboureur les conduit dans sa ferme où il les dépose dans la grange. Là, les batteurs en grange, avec leurs longs instruments de bois, appelés fléaux, battent le blé pour faire sortir les grains de leur peau ou balle. Cette opération faite, le grain, séparé de la paille qui est liée en bottes, est entassé dans de grands sacs dans lesquels vous le voyez arriver au marché où il est acheté par le boulanger qui le fait moudre par le meunier pour en fabriquer ensuite le pain.

LA RÉCOLTE.

EN MOISSON.

VII. EN MOISSON.

L'époque de la moisson est pour le laboureur un temps de fête et de réjouissances, car la récolte est la récompense de son rude labeur pendant la plus grande partie de l'année. C'est en vue de la récolte qu'il s'est livré à toute cette série de travaux divers que nous venons de vous décrire, et c'est le prix qu'il va tirer de son blé qui, en le payant de ses peines et de ses sueurs, lui fournira ses moyens d'existence jusqu'à la moisson prochaine. Et encore cette récolte tant désirée n'est-elle obtenue chaque année qu'après des incertitudes, des craintes de tous les jours, puisqu'il suffit d'une gelée ou d'un orage pour détruire en une heure les espérances et les ressources d'une année entière. Vous comprenez donc maintenant pourquoi les jours consacrés à la moisson sont des jours de fête pour les cultivateurs. Aussi voyez quelle joie, quel contentement règne au milieu de ce groupe de paysans et de paysannes qui ont interrompu un moment leurs travaux pour prendre ensemble un gai repas.

VIII. LA VENDANGE.

Ce qu'est la moisson pour le laboureur, les vendanges le sont pour le vigneron : de même que le premier récolte le blé en été, l'autre, après de pénibles travaux aussi, récolte en automne le raisin dont il fait le vin. Mais la vendange, plus encore que la moisson, est une époque de fêtes et de plaisirs pour nos campagnes ; car, tandis que le moissonneur arrose de sueurs abondantes son travail exposé aux rayons brûlants que darde le soleil de la canicule, c'est au contraire pendant les agréables et douces journées d'automne que le vigneron récolte le fruit de ses peines. Et puis, comme les chances de réussite sont bien plus incertaines pour la vigne que pour le blé, et que le vigneron compte moins de bonnes années que le laboureur, la joie est bien plus grande dans nos vignobles quand une année fertile a procuré des vendanges abondantes et précieuses par la qualité du vin. Alors la population tout entière, hommes, femmes, vieillards et enfants, dans l'enivrement du bonheur, se répand dans les champs de vignes et se livre, en chantant et en riant, au travail de la vendange. Le raisin est cueilli sur les ceps, enlevé dans des hottes et déposé dans les cuves. Puis, on presse les grappes pour en exprimer le jus qui bientôt après fermentera dans les tonneaux et produira cette liqueur rouge ou dorée qui s'appelle le vin.

LA VENDANGE.

LA FENAISON.

IX. LA FENAISON.

Nous avons vu récolter le blé qui fournit à l'homme son plus précieux aliment; nous venons de voir faire la vendange qui lui procure une boisson fortifiante. Mais Dieu, en créant l'Univers, n'a pas seulement voulu prendre soin de l'homme. Tout est si bien organisé dans la nature que tous les animaux, depuis le plus grand jusqu'au plus chétif, trouvent à se nourrir sur la terre. Ainsi, vous avez vu, au commencement de ce recueil, comment les prairies fournissent la pâture à toutes ces bêtes dont vous connaissez maintenant la haute utilité. Mais les prés ne sont pas toujours couverts de verdure, et que donner à manger en hiver aux chevaux, aux vaches, aux moutons, alors qu'il n'existe pas un brin d'herbe fraîche? La prévoyance de l'homme a su y pourvoir par la fenaison ou récolte du foin. Quand le soleil de juin a fait pousser vigoureusement l'herbe dans les prairies, on la coupe avec la faux, c'est ce qu'on appelle faucher les prés; puis, on la laisse couchée sur le sol jusqu'à ce qu'elle soit sèche. L'herbe une fois desséchée ou fanée est devenue le foin qu'au moyen du rateau on réunit par tas et qu'on charge ensuite sur ces énormes voitures qu'en été vous voyez rentrer des champs. Une seconde récolte qui se fait en automne, se nomme la récolte du regain.

La fenaison n'est donc pas moins nécessaire que la moisson, car si la moisson alimente l'homme, la fenaison sert à nourrir les animaux dont nous avons besoin nous-mêmes pour notre propre usage.

X. LA PÊCHE.

Vous savez, mes enfants, que si la terre est peuplée d'une infinité d'animaux de tant de formes diverses, l'eau qui couvre la plus grande partie de notre globe, renferme aussi une population non moins variée, tous ces poissons de taille et de structure si différentes, depuis le mince goujon jusqu'à la gigantesque baleine, qui nagent dans les mers, les fleuves, les rivières, les lacs et les étangs. Le poisson, dont la chair est généralement plus délicate que celle des animaux terrestres, sert également à notre nourriture. Il a donc fallu trouver le moyen de le retirer du sein des profondeurs qu'il habite, et c'est la ligne à pêcher et le filet que nous employons à cet effet. Nous ne donnerons pas ici la description de ces deux instruments que vous avez déjà vu manier bien souvent. Vos lectures vous apprendront plus tard comment et à travers quelles difficultés et quels dangers on fait la pêche des poissons géants qui peuplent les mers, et notamment la pêche de la baleine.

LA PÊCHE.

LE JARDINAGE.

XI. LE JARDINAGE.

Nous vous avons dit comment et d'où vous viennent la plupart des mets que vous mangez, le pain, le laitage, le fromage, la viande, etc. Avons-nous besoin de vous apprendre aussi que les légumes sont cultivés en majeure partie dans les jardins potagers ? Non, sans doute; car, si dans les jardins où vous avez été conduits et que vous avez été certainement bien heureux de parcourir, vous vous êtes arrêtés de préférence devant ces belles fleurs, dont les mille nuances variées et la suavité des parfums réjouissent tant la vue et l'odorat, vous n'avez pas été, en passant devant les plates-bandes encadrées d'une bordure de buis, sans demander quelles étaient ces plantes, aux apparences plus modestes, qui en couvraient la surface, et l'on a dû vous répondre que c'étaient là les légumes divers, pois verts, haricots, choux, pommes de terre, que le jardinier cultive pour les apporter au marché. Les plantes dont on veut hâter la maturité pour les servir avant l'époque de leur venue naturelle, sont cultivées dans des couches, c'est-à-dire sous ces vitraux que vous voyez ici sur le premier plan de la gravure, et où, à l'abri des intempéries de l'air, et fécondées par une chaleur qui ne peut s'échapper au dehors, elles mûrissent plus rapidement et plus sûrement qu'en plein air.

XII. LES ARBRES FRUITIERS.

C'est dans les jardins encore, et principalement dans les vergers, que nous trouvons ces fruits dont vous êtes si friands : les cerises, les pommes, les poires, les prunes, etc.; la culture des arbres qui produisent tous ces fruits différents et qu'on nomme pour cela arbres fruitiers, forme donc une branche importante du jardinage ; car les arbres, outre les avantages que nous tirons de leurs produits, sont encore un ornement essentiel de nos jardins ; ne nous servent-ils pas, en effet, à former ces allées ombragées sous lesquelles nous pouvons nous abriter contre les rayons brûlants du soleil ?

LES ARBRES FRUITIERES.

LA COUPE DES ARBRES.

XIII. LA COUPE DES ARBRES.

A côté des arbres fruitiers, il en est d'autres qui ne portent point de fruit, ou dont le fruit, tel que le gland du chêne, ne peut servir à la nourriture de l'homme. Ceux-ci croissent dans les forêts et dans les bois, et ne sont pas moins utiles que les premiers; car le bois qu'on en tire est employé soit comme bois de charpente à la construction des maisons et des navires, soit aux ouvrages si variés de la menuiserie, soit enfin comme bois de chauffage dans nos appartements et dans les cuisines; ce sont les sapins, les chênes, les hêtres, les bouleaux, etc. Lorsque ces arbres sont parvenus à un certain degré de croissance, on les fait abattre par le bûcheron; leurs branches servent principalement à faire des fagots, tandis que le tronc est transporté tantôt dans les scieries pour être converti en blocs ou en planches, tantôt est scié et taillé en bûches, tantôt enfin est envoyé tout entier dans les chantiers et les ateliers pour être travaillé de diverses façons, selon l'usage auquel il est destiné.

XIV. L'EXTRACTION ET LA TAILLE DES PIERRES.

Après avoir parcouru la série des principales productions de la nature dont la destination est de nourrir l'homme ou les animaux utiles à l'homme, nous sommes arrivés à d'autres productions, telles que le bois de chauffage et de construction, qui ont une utilité non moins réelle en ce qu'elles sont employées soit à préparer nos aliments, soit à nous garantir contre les rigueurs du froid, soit enfin à bâtir les édifices qui nous servent d'habitations. Parmi les productions de cette dernière espèce, il faut ranger encore la pierre. La gravure ci-contre représente dans le fond la carrière d'où la pierre, après avoir été détachée du roc, est extraite et conduite ensuite en blocs dans le chantier, où le tailleur de pierres la taille et la façonne avec ses outils de manière à ce qu'elle puisse être employée dans la construction des maisons, des églises, des ponts et en général de tous les monuments d'architecture auxquels la pierre qui, par sa dureté, résiste mieux que le bois aux intempéries de l'air et aux ravages du temps, doit donner une plus grande solidité et une plus longue durée.

L'EXTRACTION ET LA TAILLE DES PIERRES.

15.

LE GARDE DE NUIT.

Imp. C. Fasoli & Ohlmann à Strasbourg

XV. LE GARDE DE NUIT.

Nous terminons ce petit recueil en vous offrant dans cette dernière gravure l'image d'une institution dont l'origine remonte aux temps les plus anciens : c'est celle du garde de nuit qui, avant l'invention des horloges, était chargé, dans chaque endroit, d'annoncer l'heure aux habitants. Le garde de nuit, que l'organisation de la police a rendu de nos jours inutile dans les villes, ne se retrouve plus guère que dans les villages, où, armé de sa hallebarde, il parcourt d'heure en heure les rues de l'endroit, en sonnant de la trompe autant de fois que l'horloge a sonné de coups. Cette annonce est chaque fois suivie d'un couplet rimé qu'il récite pour exhorter les habitants à se préserver des accidents causés par le feu et des voleurs, avis que lui-même, du reste, rend superflu, car pendant que le village est plongé dans le sommeil, la vigilance du garde de nuit est le meilleur préservatif contre tout danger.